LE
MASQUÉS

O quanta species! cerebrum non habet.
Phedre.

LES MASQUES.

Ô Siecle! ô Meurs! Tout change, tout périt. Jadis en un tems de plaisirs nous suivions sous le Masque, les Enfans de la folie dans les plaines du *Trône*, à présent, en des jours de Deüil, nous promenons, à visage découvert, les Filles de Vénus sur les routes de *Long-champ*. Pourquoi donc ce changement? Nous faisons nous une délicatesse de tronquer nos traits? Convenons-en de bonne foi, nos visages composés sont des Masques naturels, & les membres de la Societé ne sont rien autre que les personnages d'un Bal. Ce mot annonce le bruit, la presse, le brillant, & j'y cours. Dans toute autre assemblée, l'éclat de mes diamans, des fleurettes circulaires & quelques gargoüillades, me feroient joüer un rôle délicieux, mais ici je veux figurer en Bel-esprit panégyriste, en François patriote. Je ne connois que ma Nation au monde; je suis fou de ses manieres; je dois loüer, exalter, immortaliser ses usages.

Aij

Un Sauvage montagnard, un cynique Philosophe, viendroit la férule à la main, régenter nos jolis Masques, placé dans l'obscurité de la Salle il n'y verroit que des ombres & du noir ; mais moi, léger par essence & voluptueux par goût, je m'élance au milieu de ce Bal pour en vanter l'ordonnance, pour en loüer les personnages. Je les demasquerai afin de vous faire admirer le choix & les motifs de leurs travestissemens.

Ceux que vous voyez la bas, mêlés par pelotons dans la foule, en affectant de la fuir, ont endossé ces *Domino* gris, bruns, noirs, blancs ou pies, se sont affublés de ces camails longs, ronds, ou pointus, pour se procurer une vie oisive, pour s'attirer une considération respectable. Le Masque est utile à toutes leur vûes, sert à tous leurs desseins, aussi ne le quittent-ils point en public. Ils cachent leur ambition, leur molesse & leur concupiscence sous un air de désintéressement, de retenüe & de privation. Leur ton dogmatique & austere couvre une morale relachée, des mœurs licencieuses. Mais voulez-vous voir tomber ces Masques cafards, suivez-les dans certains réduits secrets à banquets voluptueux, vous verrez le jus de la treille enluminer leurs joües, & les feux de l'Amour étinceler dans leurs yeux.

Vous en voyez près d'eux dont le déguisement est mixte, dont l'espéce est amphibie ; ils tiennent de l'Homme & de la Femme ; ils ont l'habit & le chapeau des uns, le mantelet & le fichu des autres ; le ton & la hardieſſe des premiers ; le babil & la coquétterie des ſecondes. Qu'on me diſe ſi de tels perſonnages pourroient ainſi ſe traveſtir, s'ils n'étoient ſûr d'obtenir par là la vénération du Peuple, les faveurs des Belles, & les bénéfices de l'Etat.

Ce canton du Bal me plaît, je veux encore lever la barbe à ce Maſque compoſé & hideux. Pourquoi a t'il l'œil cave, les joües livides, la figure macérée? Ah! ah! c'eſt un homme réfléchi dans ſes principes, & compaſſé dans ſes démarches ; C'eſt un fin hipocrite, qui attend un riche héritage d'un dévot, qui l'en fruſtreroit, s'il ne le voyoit uſer ſes genoux aux pieds des Autels. Laiſſez mourir notre Orgon, & mon Tartuffe changera bien-tôt le Maſque de l'Hypocriſie, contre celui de l'Impiété.

Il n'y a pas juſqu'à la mendicité qui n'ait le ſien ; vous craigniez que je ne vous peigne un vil Beſacier ſous des haillons de bure : non, je veux vous repréſenter un honnête indigent ſous la martre zibeline : c'eſt cet Enfant gâté des Femmes, ce joli hiſtrion, qui met à contribution la bonnacité pariſienne.

Il faut de la variété dans les plaiſirs, une jolie femme eſt bien propre à en apporter. En voici une qui ſe préſente ; elle eſt preſque démaſquée, elle n'a qu'un demi-rouge & peu de blanc, elle n'a même ni noir à ſes ſourcils, ni vermillon à ſes lévres. Elle ſe montre ; tout le monde la regarde : elle diſſerte ; tout le monde l'écoute. Mais quelle *horreur* ! elle parle ſentiment, elle va me faire bâiller. A tous risques, écoutons là Oh ! la drôle de chose ! s'écriroit un Stupide Quaker ; elle allie la vertu avec le vice, elle mêle le sentiment à l'Amour. En France on ne s'étonne point de cet alliage, on l'applaudit même, dès qu'il a un but. Notre Belle est d'autant plus masquée qu'elle le paroît moins. L'air d'adolescence du jeune homme à qui elle s'adresse, a excité ses desirs ; son opulence captive son cœur. Elle veut le mettre dans le monde, dresser ses manières, alleger sa fortune, & elle y parviendra, en l'assurant qu'on peut usurper & payer la Femme d'un autre, pourvû qu'on se lie, qu'on s'aime, & qu'on se le prouve par sentiment. Elle s'échafaudera de telle sorte sur ce grand mot, qu'elle fera dans peu perdre la liberté, la tête & la fortune à notre jeune homme. Eh bien la Coquette s'est elle assez masquée, & avoit elle assez de raisons pour le faire ?

J'ai le foible des belles ames, je suis bon François, j'adore les Femmes. L'odeur de l'ambre m'en annonce encore une bien parée, bien maniérée ; au premier aspect elle ne paroît pas plus masquée qu'une autre, mais je la reconnois, & je vois que c'est la petite *Florinde*. Elle a le Chevalier De *** sur son compte : Il est beau comme le jour ; il danse à miracles : il a le gosier d'un rossignol, le *parlement* d'une petite Maîtresse ; mais c'est un cadet de famille, il n'est pas riche, & ses agrémens coûtent trente mille francs à la petite depuis un an. Elle n'a plus le sou. Aux grands maux les grands remedes : Elle vient de s'acheter à crédit ces Girandoles, & cet esclavage, afin de trouver un Amant à plus haut prix, qui puisse l'acquiter avec le Bijoutier, & la défrayer du Chevalier. Si cette dupe ne se présente pas, au moins est-il bien sûr qu'en vendant la Mascarade brillante, on en aura les alimens qui auroient fait vivre le gredin de Marchand.

Le beau Sexe est mon élément. Courrons chez *Bélise*, elle est parée comme une Duchesse, elle ne l'est pourtant pas ; elle est minaudiére, comme une Fille, elle l'est pourtant peu. C'est une Marchande du beau quartier par excéllence, dont le Masque est la parure & la minauderie. Il le lui faut absolument de ces deux espéces, pour faire courir tout Paris, pour attirer mille carrosses à sa porte, & mille adorateurs à son comptoir. Sans cela notre Marchande de Babiolles n'auroit pas plus de ton, seroit aussi mesquine que la femme d'un simple Avocat, ou d'un vieux Président. Quelle indécence !

La tranquilité m'excéde ; je ne puis rester en place ; il faut que je piroüette, que je voltige ; c'est ma fureur. Heureusement notre Bal est grand, il s'étend par-tout & j'ai de quoi promener mon individu. Allons chez ce riche Partisan ; voyons pourquoi il s'est fait sécretaire du Roi, pourquoi il a fait son Fils Colonel & sa Fille Marquise ? Pourquoi il tient Table chez lui & y rassemble de beaux Esprits ? N'est-ce pas pour Masquer sa bassesse, sa ladrerie & sa stupidité naturelle.

A iv

Eh! que dites-vous de cet Homme qui s'est fait un air avantageux, qui s'est composé un sourire d'espérance, un regard de protection? Quel Art ne lui a t-il pas fallu pour se fabriquer une figure, dont on attende incessament tout sans jamais rien obtenir. Que seroit ce Protecteur imposant à visage découvert? Un intrigant, un pied-plat, bafoüé dans la fange par les honnêtes gens qui l'encensent sur le pinacle.

Qui ne connoît point cet autre important qui ne doit ce titre & des revenus immenses qu'aux differents Masques qu'il porte depuis son enfance. On le vit barboüillé de suie à la rüe; chamaré de livrées dans les anti-chambres; un peigne d'une main & un caducée de l'autre aux Toillettes. Ce sont autant de travestissemens qui l'ont annoncé sur la Scéne. Enfin à présent le carosse qui proméne sa nonchalance, le galon qui couvre son orgueil, le ton qui fait valoir son impertinence, sont autant de ressort qui font agir, parler, mouvoir un automate ambulant ; sont autant d'apparences qui donnent un rélief & de la considération à un Faquin parvenu.

Ce dernier titre le discrédite dans votre esprit; cet Homme vous déplaît; vous en voulez voir un autre, le voici. Il est agréable au possible. Il a l'air insinuant, empressé, affectueux; il vous serre les mains, il vous embrasse; il ne parle que de services; il ne jure que par l'amitié. Il vous offre sa Bourse sans nécessité, mais il a recours à la votre au besoin. He bien, sans cet extérieur amical, 'auriez vous jamais compté sur lui? Auroit-il pû vous mettre à contribution? Mais il est trompeur direz-vous. Non; il n'est pas ce qu'il paroît; il est Masqué, il est ce qu'il doit être, tout est dans l'ordre.

L'amitié contrefaite, ne plaira pas aux chimériques amateurs de cette vertu gauloise & romanesque. Montrons leur l'Ignorance travestie, elle les amusera peut être. Considérez cet Homme dont la jolie figure attire tous les regards. Il a le teint fléuri d'une None, le ton pincé d'un Abbé, le jargon futil d'une petite Maîtresse. Il a de plus des Manchettes de point, des Bijoux de prix, un carosse élégant, qui annoncent bruyament son mérite. Vous ne le connoissez-pas; vous croyez que c'est un danseur qui va montrer en ville; point-du tout; c'est un Chirurgien, qui va faire des visites. Voyez-le s'étendre sur un fauteuil, se caresser le jabot, entendez-le parler *d'estomach délabré*, de *sommeil doré*, de *vertiges volatils*. Regardez-le habiller le bras qu'il saigne, d'une manche d'étoffe de Soie, le parer d'une ligature à glands d'or, instrumenter avec une Lancette garnie de Diamans, vous jugerez bien-tôt qu'il n'est parvenu à être le saigneur des jolies Femmes, le Chirurgien du grand monde, qu'en cachant son ignorance avec le masque de la Fatuité. Sous son simple visage il eût fallu faire ses études, approfondir son Art, autant vaudroit-il être un Magister de Village, ou un Carabin de Saint Côme.

A propos de ces derniers, en voici un en habit brodé, en carofle de remife, qui court à fon Hôtel, donner des Bijoux à fa Maîtreffe, des feftins à fes amis & de l'or à fes valets. Que fait-il donc, dira t-on? Rien, que s'amufer. Mais encore, à qui doit il ce train, cette fortune? A fon Mafque. Il eft membre de certaine Académie de Jeu, où fous l'air de l'opulence, il gagne ou il emprunte gros. Ne quittant point fon vifage factice, il n'eft jamais tenu de payer. C'eft donc toujours un avantage réel.

Il n'eft pas donné à tout le monde de reconnoître les Hommes fous le Mafque : en voici un que vous prenez à fes manchettes à deux rangs, à fon rouge coupé, à fes goûts voluptueux pour une Femme : Non, c'eft un petit Seigneur d'un grand nom. C'eft un perfonnage important, c'eft un être revéré, divinifé. Encenfons fes talons rouges & paffons.

Lucien vous a peint les Parafites, rapellez-vous quel ton de louangeur impudent ils prennent pour établir leur exiftence fur les revenus publics. Vont-ils diner ou fouper en Ville, ils font obligés de compofer leurs goûts, leurs difcours, & leur vifage, fur ceux du Maître de la maifon. Chez le plus petit Auteur d'ariettes, il faudra qu'avec un air de contemplation & de raviffement, ils aient le front de le mettre au deffus de Rameau; chez la plus mince Actrice, qu'avec un autre air de galanterie & de fadeur, ils aient la baffeffe de la comparer à la Le Couvreur. Que d'autres fois avec la même impudence ils fupposent de la temperance à un Chanoine, de l'esprit à un Financier & des mœurs à une Danseuse.

Autre Masque difficile à composer, & plus difficile à porter; c'est celui de nos honnêtes Femmes. Bon! dira quelqu'un, est-ce qu'elles en ont besoin? Eh sans doute. Sachez Monsieur l'interlocuteur maussade, que j'en distingue savament de deux sortes.

L'Honnête Femme mesquine, triviale & sans conséquence, que la Nature force d'être telle, & l'honnête Femme aimable, maniérée & à prétention, dont le sort rend la vertu embarrassante. Nul doute que la première peut, à visage découvert, garder son titre sans aspirer à rien autre qu'à faire son ménage, plaire à son mari & élever ses enfans. Sa figure négligée ne lui attirera point d'adorateurs, son ame grossière, insensible ne se prendra pour personne. Celle là aura si vous voulez l'estime des petits Bourgeois: je la lui abandonne: c'est l'encens des Sots.

Mais ma seconde doit avec un Masque imposant relever son mérite, en se faisant un état de tenir cercle chez elle, de traiter les amis de Monsieur, & d'en être fêtée. Sa parure recherchée lui attirera mille courtisans & son cœur délicat & tendre se prendra pour quelqu'un. Celle-ci doit avoir l'amour du beau monde. Je le réclame pour elle: c'est le prix du mérite.

Que ne lui en coûte-t-il pas pour l'obtenir? Combien doit elle composer sa figure? Il faut qu'elle annonce une vertu sévére devant ses enfans, un amour inviolable près de son mari, une sensibilité involontaire avec son amant, & sans ce triple visage, le monde injuste & méchant, auroit l'indécence de confondre la Femme à inclination avec la Fille entretenue.

Il se présente encore trois sortes d'Acteurs, à peu près de la même espéce. Je vais les produire sur la Scene, en dépit des Critiques. C'est chez *Alcidas*; il couvre son front d'un air de rigidité pour cacher qu'il entretient la jeune *Eglé* dans une petite maison. *Araminte* sa Femme, affiche la pruderie pour ne pas donner à soupçonner que *Valére* lui fait tourner la tête, & l'innocente *Lise* leur fille, baisse les yeux & rougit à tous propos pour qu'on ne sache jamais qu'*Eraste* a séduit son cœur; voila sûrement des Masques impayables & divins, puis qu'ils sont équivalens à la raison, à la sagesse & à la vertu.

L'image du Bal fait pour ainsi dire bondir mon esprit. Je saute d'idée en idée. En peignant certains Orateurs, j'ai oublié de décrire ceux qui cajolent Thémis; sans prétendre vouloir ridiculiser l'attirail lugubre & grotesque tout à la fois, dont ils s'affublent lorsqu'ils approchent cette Déesse; parlons des ruses qu'ils employent pour éluder des griefs contraires, de l'adresse dont ils usent pour faire valoir de faux moyens, du style précieux, des figures recherchées qu'ils mettent en usage pour parer l'éloquence. N'est-ce pas fasciner les yeux & déguiser la vérité?

Cet Art me rappelle celui des Auteurs de Dédicaces & de Panégyriques, qui savent si bien substituer des belles qualités à la place des défauts, & même trouver des vertus où il n'y eut que des vices. Quel dommage que ces Epitres soient tant décriées, sans cela je dédirois ma Feüille à un Bonnetier qui siége aux Consuls, ou à un premier Commis qui ne sait pas lire.

On vous a tant de fois représenté le Courtisan trompeur, que je ne sais si je dois le reproduire; d'ailleurs il me seroit difficile de lui assigner un Masque durable; c'est un caméléon, sur la figure du quel je reconnois tour à tour & rapidement, un Solliciteur rampant, un favori insolent, un disgracié humilié : Il est tout à la fois, bon & méchant, orgueilleux & lâche, officieux & perfide.

Le caractere de fausseté du Courtisan, me rappelle celui des faux serviables, different des faux Protecteurs & des faux amis dont j'ai déja parlé. Ceux-ci ont un air d'affectuosité rampante, & interressée. Ils sont toujours prêts à vous munir, à vous pourvoir d'une charge; toujours empressés à vous procurer une connoissance utile, une affaire lucrative, & avec tout cela ce ne sont que des espéces de valets de loüage, qui ne se font valoir auprès de vous, que pour en tirer du lucre; mais enfin, à qui doivent ils cette ressource ? A cette apparence qui séduit vos regards, qui flatte votre ambition, même sans remplir vos desirs.

Voulez-vous voir d'autres Masques dont les traits sont plus composés, dont la figure est plus enluminée ? ce sont ceux des gens à talens entre eux. A la vûe d'un ouvrage indigne d'eux, un rire ironique entr'ouvre leurs bouches, une joie maligne brille dans leurs yeux. A l'aspect d'un chef-d'œuvre audessus d'eux, leurs fronts fourcilleux, leurs joües pâles, leurs yeux étincelans caractérisent l'Envie. *Guillaume Tell*, *Eugénie*, ont egayé nombre de visages. *Zélmire*, *le Siége de Calais* ont allongé nombre de mines.

J'étois l'autre jour chez cette peintre fameuse, dont la Prusse regrette l'absence, & dont la France devroit chérir la présence, les gens de l'Art y regardoient ses ouvrages, & je fus étonné de ne voir que des Masques jaloux sur leurs visages & des figures parlantes sur ses toilles.

Ce qui me racommode avec ces Artistes, c'est le goût exquis qu'ils ont ainsi que moi pour les visages factices. Ils le portent si loin qu'ils représentent ceux de nos Dames au lieu d'elles. L'Art de la toillette produit ces originaux ; ils n'en font que les copies ; car il seroit hideux qu'ils nous offrissent les traits flétris & le tein livide d'une phisionomie du matin. Quel gré ne leur fais-je pas encore d'entrer dans les vûes des Femmes en leur supposant de grands yeux, de corriger la nature, en leur donnant de beaux bras, & de réparer nos torts amoureux, en leur prêtant une gorge rebondie !

Le Sexe lui même n'est-il pas charmant ! Divin ! Adorable ! d'avoir enseveli certains défauts de taille sous de longues & superbes *plisses*? D'avoir couvert certaines irrégularités de traits du voile d'une profonde *calèche*? De nous avoir déguisé son peu de savoir, au moyen de ses conversations futiles?

Jusqu'à quel point ne porte-t-il pas cet Art séducteur! Imposant! Ingénieux! Quel desordre une jeune beauté ne sait elle pas réparer aux regards curieux d'un nouvel Epoux! De quel tresor ne semble t'elle pas payer ses premiers embrassemens !...... mais chut, c'est dévoiler des choses cachées, c'est révéler des secrets d'Etat. La réputation des Femmes, la tranquilité des Maris & le bonheur des ménages dépendent de ma discrétion, & je me tais.

En parcourant la vie laborieuse, les galanteries lucratives d'une Fille d'Opéra, je la vois en affaire réglée, en commerce suivi avec presque tous les habitans du monde. Elle connoît toutes leurs monnoyes & j'apperçois tous leurs Masques. Parmi les seuls Européens, j'en vois de profonds dans les Sciences & furieux dans les combats, mais qui déguisent la férocité sanguinaire sous le nom de courage belliqueux. J'en remarque qui paroissent affectueux & rampans & qui sont vindicatifs & traîtres. Elle en polit certains qui bien faits, mais gauches, nomment solidité ce qui n'est qu'épaisseur. Elle en apprivoise d'autres qui enveloppent gravement la crasse & la paresse sous le manteau de la fierté & de l'orgueil. Elle en attaque ... ou plutôt elle en éconduit tant, & ils se succédent si promptement que j'aurois peine à les reconnoître. Je me garderois bien de la suivre, sa galante rapacité feroit plus de chemin en un clin d'œil que ses rapides coursiers en dix Siècles.

Vous ne connoissez rien, vous n'avez rien vû, si vous croyez que les Masques soient seulement adaptés aux êtres animés. Il est du bon ton, du bel air, de la magnificence d'en appliquer dans l'intérieur & à l'extérieur des maisons. Dans nos cheminées, nos chenets sont revêtus, sont surchargés de figures d'or ou de bronze; sur nos tables, nos volailles, nos poissons, nos fruits sont dénaturés, défigurés par les farces, les pâtes & le sucre. Nos boutiques & nos foires sont revêtues de décorations. Il n'y a pas jusqu'à nos Libraires, qui masquent & ressucitent leurs vieux & mauvais ouvrages avec des Titres nouveaux & imposans. Enfin le mien lui même remplit les vuides de ses tablettes avec les caustiques jérémiades de J. J. & les pasquinades périodiques d'Aliboron.

Pour perorer en Auteur conséquent, concluons de ce que je viens de dire, que nous passons toute notre vie sous le masque; qu'il couvre les gens les plus recommandables; qu'il sert en toutes affaires; qu'on l'employe dans les choses les plus importantes; & que nous ne portons dans les Bals que des simulacres de notre vrai masque.

F I N.

www.ingramcontent.com/pod-product-compliance
Lightning Source LLC
Chambersburg PA
CBHW061611040426
42450CB00010B/2420